探索发现科普知识
系列丛书

地理奇观

张　俊◎主编

团结出版社

图书在版编目（CIP）数据

地理奇观 / 张俊主编 . -- 北京：团结出版社 ,2024.3
（探索发现科普知识系列丛书）
ISBN 978-7-5234-0862-9

Ⅰ . ①地… Ⅱ . ①张… Ⅲ . ①地理学－青少年读物
Ⅳ . ① K90-49

中国国家版本馆 CIP 数据核字 (2024) 第 055295 号

出　版：团结出版社
　　　　（北京市东城区东皇城根南街84号　邮编：100006）
电　话：（010）65228880 65244790
网　址：http://www.tjpress.com
E-mail：zb65244790@vip.163.com
经　销：全国新华书店
印　装：三河市龙大印装有限公司

开　本：170mm×240mm　16开
印　张：6
字　数：70千字
版　次：2024年3月第1版
印　次：2024年3月第1次印刷

书　号：978-7-5234-0862-9
定　价：215.00元（全12册）

前言

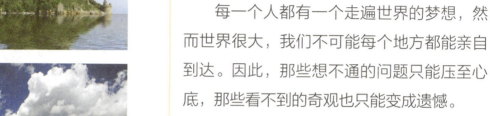

　　每一个人都有一个走遍世界的梦想，然而世界很大，我们不可能每个地方都能亲自到达。因此，那些想不通的问题只能压至心底，那些看不到的奇观也只能变成遗憾。

　　幸运的是，我们生活在一个高速发展的信息时代，全世界的地理探索、全世界的奇观秘密都可以得到共享，而本书就是一本最值得信赖的答疑手册。翻开本书，就踏上了一辆通往了解世界地理奇观的列车，它将引导我们攀爬高山雪峰，穿越草原荒漠，飞渡江河湖泊，去发现那些已经存在却充满神秘的未知领域，了解那些世界各地的自然地理现象以及成因，然后在轻松愉悦或是惊险刺激的畅游中开阔视野，收获智慧。

　　古语云：读万卷书，行万里路。通过阅读本书，相信每个人都能对地理知识有一份更深刻的理解，并对世界的形成、演变产生敬畏，为我们人类在这样的世界上生存而感到骄傲！

目录
CONTENTS

part 1 峡谷、盆地、山川

part 2 **草原、荒漠**

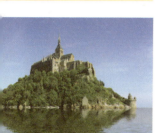

part 1

峡谷、盆地、山川

东非大峡谷为何被称为"地球的伤痕"？

著名的东非大峡谷其实就是一个裂谷，是世界上最长、最深的大断层，被称为"地球的伤痕"。大约3000万年前，这里曾发生过强烈的地壳断裂运动，当地壳岩层受到地壳运动引起的强大外力时，便发生了断裂和破碎，从而形成裂谷。随着抬升运动不断进行，地壳的断裂不断产生，地下熔岩不断涌出，渐渐形成了高大的熔岩高原，高原上的火山则变成众多的山峰，而断裂的下陷地带则成为大裂谷的谷底。目前，东非大裂谷仍在以每年5厘米的速度向两侧扩张。科学家们预测，按照这种速度扩张下去，在2亿年后，裂谷间将会形成一个新的海洋。

▶ 非洲毛里求斯东非大裂谷风光

▶ 雅鲁藏布江风光

地球上最深的峡谷在哪里？

　　雅鲁藏布大峡谷是地球上最深的峡谷，它处在我国雅鲁藏布江的下游。整个峡谷地区冰川、绝壁、陡坡、泥石流和巨浪滔天的大河交错在一起，环境十分恶劣，许多地区至今仍无人涉足，堪称"地球上最后的秘境"。但是，由于受到印度洋暖湿气流影响，大峡谷气候宜人，再加上拥有极大的原始森林，使其成为雪域高原上的一个天然氧吧，得到了"东方瑞士""西藏江南"等美誉。

▶ 三峡工程景观

长江三峡是由哪三个大峡谷组成的？

　　长江三峡即指瞿塘峡、巫峡和西陵峡，西起我国重庆市的奉节县，东至湖北省的宜昌市，全长 205 千米。三峡两岸高山对峙，崖壁陡峭，山峰一般高出江面1000～1500 米，江面最窄处不足百米。长江三峡是由于这一地区地壳不断上升，长江水强烈下切而形成的，是万里长江一段山水壮丽的大峡谷，为中国十大风景名胜之一，也是世界大峡谷之一。

　　在长江三段峡谷中，瞿塘峡是三峡中最短，也是最雄伟险峻的一个峡谷，它能"镇全川之水，扼巴鄂咽喉"。西陵峡是三峡中最长的一个，以滩多水急闻名。巫峡则以幽深秀丽著称，整个峡区奇峰突兀，怪石嶙峋，峭壁屏列，绵延不断，宛如一条迂回曲折的画廊，处处有景，景景相连，是三峡中最可观的一段。

怒江大峡谷的气候有什么特别?

怒江大峡谷位于我国滇西横断山纵谷区澜沧江、怒江、独龙江并流地带,是世界上最长、最神秘、最美丽险奇和最原始古朴的东方大峡谷。这里山高、谷深、水急,神秘莫测,而且由于受到印度洋西南季风气候影响,形成了"一山分四季,十里不同天"的气候类型,经常是谷底丛林苍翠,炎热如夏,山坡花俏草黄如春似秋,而峰顶则是冰雪覆盖,一派冬景。

黑竹沟为何被称作"死亡之谷"？

　　黑竹沟位于我国四川省西南部的小凉山山区，面积约有180平方千米。由于黑竹沟山谷地形独特，植被茂盛，再加之雨量充沛，湿度大，所以经常是云雾缭绕，阴气沉沉，一旦深入其中，就会被云雾包围吞没。林区峡谷幽深，山林深处，路越窄，林越密，稍有不慎就会滑下陡坡坠入万丈深渊。在黑竹沟，石门关和"川"字瀑布是最危险的地段，这里也是传说中发生多次神秘失踪事件的鬼门关。曾经有很多人走进黑竹沟，然后失踪死亡，因此，这里被称为"恐怖死亡谷"。

▶四川境内的谷底密林

乳源大峡谷为何被称为"美丽的伤痕"？

乳源大峡谷位于我国广东省乳源县西南68千米的大布镇。全长15千米，最高深切度是400多米，是广东地貌的一条美丽的伤痕。

在距今1000万年以前，乳源大峡谷所在地只是山沟中的小盆地，后来由于受到燕山造山运动的影响，令地壳承受地块抬升的扩张力，使部分地块张裂下陷形成裂谷。大裂谷亮色是高角度的绝壁峡谷，十分险峻，谷内的岩石为古老的沉积岩，以致密坚硬的石英岩为主。大峡谷的顶端像一只大埕，谷面宽约600米，平静的大布河流从东南向西北蜿蜒流过，流到这里突然腾空冲下，形成瀑布，气势磅礴，令人震撼。在1998年以前，很少有人踏足这片神秘的峡谷，其有黄山的奇，也有华山的险，是探险者挑战自我的地方。

▶ 乳源大峡谷瀑布

▶ 自然界的鬼斧神工——海螺沟冰川地貌

海螺沟为何能同时生长寒、热带植物？

海螺沟位于我国四川康定贡嘎雪峰脚下，被称为低海拔现代冰川。海螺沟分布着不同的植物，是因为这里的地形十分特殊。海螺沟地区海拔高差达6000余米，形成了明显的多层次气候带、植被带，素有"一沟有四季，十里不同天"的说法，冬暖夏凉，云雾多日照少。所以，沿着环状山路徐徐向前，我们会惊奇地发现，从山谷的棕榈树、青翠的竹林到原始森林的参天古木、山花烂漫的大片野生杜鹃，直至高海拔色彩缤纷的草本野花，亚热带至寒带的植物集中于这一个区域，令人目不暇接。

▶柴达木盆地中分布着许多湖泊沼泽

柴达木盆地的沼泽是如何形成？

沼泽的形成需要三大基本条件：1.降水量大于蒸发量；2.地下水位高；3.有冻土层。我国柴达木盆地降水稀少，多以高山冰雪融水为主。这里地势低平，水流容易汇集，而且气温特别低，有利于地下冻土层的发育。当水流聚集到低地时会携带大量矿物质，这些物质随着淡水的不断蒸发而不断积累，经过漫长的时间后，就形成了大量的盐湖和沼泽。

吐鲁番盆地为何被称为"火焰山"？

　　吐鲁番盆地位于我国西北部，地势低洼，气候干燥，气温很高又不易散发，在当地有"沙子里面烤鸡蛋，戈壁滩上烙大饼"的说法，是我国温度最高的地方。此外，盆地中横卧着一条红色的砂岩，在烈日下呈现出火红的光，被称为"火焰山"。就这样，炎热的气温，滚烫的地表，再加上红色的光组合在一起，就构成了一座名副其实的火焰山。

▶吐鲁番盆地气温很高，夏季地表温度能达到70℃以上，而沙漠表层的温度高达82.3℃

▶ 紫红色砂岩和页岩

"紫色盆地"是怎么形成的?

四川盆地区域的岩石主要由紫红色砂岩和页岩组成,这两种岩石极易风化发育成紫色土。紫色土富含钾、磷、钙、镁、铁、锰等多种元素,土质风化度低,土壤发育浅,是我国最肥沃的自然土壤,这种土壤分布最集中的地方就是四川盆地。红土与苍翠的山林相互衬托,使四川盆地显得格外奇丽,因而也就有了"紫色盆地"的美称。

阿勒莱皮盆地曾是"恐龙的栖息地"吗?

阿勒莱皮盆地位于巴西,其之所以被称为"恐龙的栖息地",是因为这里曾挖掘出了大约1亿年前的恐龙化石。而且,根据现有化石显示,这里的恐龙都是肉食性恐龙,它们可能是靠捕食鱼类为生,而植食性恐龙在此处没有发现。

现在的阿勒莱皮盆地是一片肥沃的土地,生长着多刺的树、仙人掌和青草。由于植被丰富,这一地区被列为国家地质公园,由此也为此地独一无二的化石宝藏提供了保障。由于这里的化石保存相当完整,所以它为科学家们研究恐龙提供了十分有价值的地质资料。

▶ 阿勒莱皮盆地,这里曾是巴西肉食性恐龙的栖息地

地球上怎么有那么多山?

地球的1/3面积是陆地,而陆地的1/3则是山地。地球上的这些山是怎么来的呢? 原来,在几亿年前,地球表面的陆地并没有连在一起,它们互相挤压碰撞,形成了地壳运动。在这个过程中,地壳比较容易发生断裂,断裂的两侧相对上升或下降,就形成了最初的山。后来,经过不断演变,才变成了我们现在所看到的山。比如喜马拉雅山脉,它就是这样形成的,而且它还在不断地升高。

▶位于澳大利亚的科修斯科山

▶珠穆朗玛峰

珠穆朗玛峰如何成为世界第一高峰？

　　位于我国境内的珠穆朗玛峰是喜马拉雅山脉的主峰，海拔8844.43米，是地球上第一高峰。珠穆朗玛峰山体呈巨型金字塔状，威武雄壮，地形极端险峻，山上一些地方常年积雪不化，冰川、冰坡、冰塔林到处可见。峰顶空气稀薄，含氧量只有东部平原地区的1/4，而且还经常刮七八级大风，十二级大风也不少见。珠峰地区及其附近高峰的气候复杂多变，即使在一天之内也往往变化莫测，更不用说在一年四季之内的翻云覆雨。事实上，珠峰不但巍峨宏大，而且气势磅礴。在它周围20千米的范围内群峰林立，重峦叠嶂，仅海拔7000米以上的高峰就有40多座。

干城章嘉峰为何被称为"雪山之尊"？

　　干城章嘉峰位于喜马拉雅山脉中段的尼泊尔王国和锡金边界上，干城章嘉峰在连绵的群山中突兀而起，山形复杂巨大。干城章嘉峰的海拔高度8586米，比珠穆朗玛峰低300多米。从知名度来说，干城章嘉峰的知名度远不及珠穆朗玛峰，但在世界第一高峰被确认之前，它却曾被认为是世界最高峰，被称为"雪山之尊"。而且，传说干城章嘉峰也是喜马拉雅"雪人"频繁出没的地方，这无疑给干城章嘉峰披上了更为神秘的色彩。

▶干城章嘉峰

喜马拉雅山脉是从海底长出来的吗?

其实,在2.25亿年前,我们现在所看到的喜马拉雅山脉地区是一片汪洋大海。到了4000万年前,地球表面分成了几个板块,其中被称为印度板块的大陆逐渐以每年6～12厘米的速度向北漂移。2000万年后,印度板块与亚欧板块发生剧烈碰撞,中间的部位被挤得越来越高,于是就形成了现在世界上公认的最高山脉——喜马拉雅山脉。

▶喜马拉雅山脉吸引着来自世界各地的登山者

地球上最温暖的雪山在哪儿？

　　玉龙雪山是北半球离赤道最近的山脉，处于我国青藏高原东南边缘、丽江县城北面约15千米处。山势由北向南走向，雪山面积960平方千米，高山雪域风景位于海拔4000米以上。由于所处的地理环境特殊，玉龙雪山年平均气温为11.3℃，最冷月平均气温3.0℃，最热月平均气温17℃，因而成为地球上最温暖的雪山。

▶ 玉龙雪山

天山有怎样的魅力？

　　位于我国新疆的天山山系是世界七大山系之一。在天山山系中，海拔在5000米以上的山峰大约有数十座，这些高耸入云的山峰终年被冰雪覆盖，远远望去，闪耀着银辉的雪峰雄伟壮观，庄严神秘。其中，博格朗峰是天山东部的最高峰，山峰3800米以上白雪皑皑，终年不化，故有"雪海"之称。在博格达峰的山腰上，有一个名叫天池的湖泊，池中的水都是由冰雪融化而成，清澈透明。此外，虽然天山山系中众多的雪峰终年为冰雪覆盖，但是在3000米雪线以下，还有丰富的动植物资源。比如托木尔峰北部的伊犁地区，牛、羊、骆驼分布很广，而在海拔几千米雪线以上还生长着许多灵花异草，雪莲就是其中之一。

 天山

▶ 天台山

天台山为何被称为"绿色明珠"？

　　天台山位于我国四川成都邛崃境内天台乡，因主峰玉霄峰海拔1812米，状若登天之台，所以命名为天台山。天台山风景十分特别，前瞰成都平原，后临玉溪河谷，右界蒙顶，左接玉林，是一天然与人工相结合的浩瀚高山林海。

　　天台山气候温和，雨量充沛，森林覆盖率达94.4%，是动植物理想的生存之所。在景区内，可以看到毛冠鹿、林麝、红腹雉、绿尾虹雉、鲵鱼等珍稀动物，还有帝王蝶等270多个珍贵的蝴蝶品种及17个萤火虫品种资源，种群数量繁多。此外，还有350多种植物，其中红豆杉、银鹊、多花含笑等珍贵树木就有20多种。正是因为这些，人们才把天台山称为具有科研价值的"绿色明珠"。

▶黄山云海景观

黄山云海景观是怎么形成的？

我国黄山有四绝，分别为奇松、怪石、云海、温泉，其中以云海景观最为壮观。黄山云海之绝，在于云量大、云雾变换快和云海天数多。黄山之所以云量大、云日多，是因为成云致雨的水汽来源充足。黄山山高谷低，林木繁茂，日照时间短，水分不易蒸发，所以水汽多。同时，水面的蒸发、植物的蒸腾也是水汽补给的重要来源。黄山云雾之所以瞬息万变，是因为黄山峰顶与谷底地面白天受热增温与夜晚辐射降温的速度有差异，所以产生了山区特有的沿山坡滑升或跌落的山谷风。另外，每一座山峰都有阳坡和阴坡。由于阴阳坡受热不均匀，地面大气运动速度不同，便产生山谷中横向的气压差以及压差作用下的气流运动。在这种复杂的气流推动下，云雾就能在山谷中漂移、变换。

▶ 峨眉山风光

峨眉山的"佛光"是怎么回事?

位于我国四川境内的峨眉山,以其"峨眉佛光"著名中外。

当人背向太阳站在峨眉山金顶,而前下方又弥漫着云雾时,会在前下方的天幕上看到一个外红内紫的彩色光环,看起来极像神奇的"佛光"。其实,这是一种非常特殊的物理现象。

当人背向太阳而立,阳光会将人影投射到观赏者面前的云彩上,云彩中的细小冰晶和水滴形成独特的圆环形彩虹,人影正在其中,所以"佛光"中显示出的就是观者的身影,人动影随,人去环空。比较神奇的是,即便两个观赏者拥抱在一起,每个人也只能看到各自的身影。千百年来,"峨眉佛光"驰名中外,因为这种现象的发生需要阳光、地形、云海等众多自然因素的结合,在其他地方极为罕见。峨眉山平均每5天左右就有可能出现一次便于观赏"佛光"的天气条件,时间一般在午后3~4点之间。

庐山云雾怎么那么多?

　　位于我国江西的庐山云雾景观是庐山一大奇景。庐山全年云雾天气多达192天，这是由于庐山所处的特定位置为成云生雾提供了充足的水蒸气。庐山南依鄱阳湖，北傍长江，这种襟江带湖的地理环境使得庐山的水汽很盛。当水汽碰到空气中的尘埃，就会形成小水滴，而无数小水滴就形成了美丽的庐山云雾，把庐山诸峰笼罩其中。当峡谷中向上吹的风力比水滴下降的重力大的时候，水滴就会随风上飘，出现"雨自下而上"的奇观景象。

　　庐山云雾四季都有，夏季最多，秋季最少。云雾弥漫，夏季多发生在山顶，冬季多发生在山腰，这是因为冬季水汽凝结的位置低于夏季，所以冬季云层的位置也就低于夏季。

▶庐山含鄱口

part 2

草原、荒漠

哪个草原是野生动物的王国？

非洲大草原是世界上面积最大、发育最好、特征最典型的热带草原，我们在《动物世界》电视节目中所看到的动物，大多数都是生活在这片大草原上。

非洲大草原的动物种类繁多，它们为了适应草原干湿交替、草多树少的生态条件，动物们养成了许多有趣的生存习性，许多大型动物对于广阔草原景观的适应则表现在迅速的奔跑能力。如羚羊全速奔跑时速高达80千米，斑马时速40千米，长颈鹿时速40~50千米。

非洲大草原上还可经常见到不同种群组成的混合种群。例如，斑马、羚羊、长颈鹿群聚一起共同生活，集体防御。非洲大草原高草繁生，大树稀疏，因而大象、河马、犀牛等动物中地栖者比较占优势。而树栖动物很少，就连本该树栖生活的少数几种动物也放弃了树上生活，如鸵鸟，翅膀严重退化，已离不开地面。

▶非洲大草原

我国最美的大草原叫什么?

我国内蒙古自治区的呼伦贝尔草原素有"北国碧玉"的盛名,它因呼伦和贝尔两大湖泊而得名。在蒙语中,呼伦意为"雌水獭",贝尔意为"雄水獭"。呼伦贝尔草原地域广袤,风光旖旎,水草丰美。在呼伦贝尔草原上有3000多条纵横交错的河流,500多个星罗棋布的湖泊,一直绵延至巍峨的大兴安岭。呼伦贝尔草原植被总面积可达10万平方千米,其中天然草场就占80%左右。在《中国国家地理》"选美中国"的活动中,呼伦贝尔草原当仁不让地高居"中国最美的六大草原"的榜首。

呼伦贝尔草原是我国目前保存最完好的草原,水草丰美,各类植物繁多。天然的放牧条件,使呼伦贝尔大草原成为我国现存最丰美、无污染的优良牧场,并被称为"最纯净的草原"。

▶呼伦贝尔大草原

> 伊犁草原

新疆伊犁草原的"石人"是哪来的?

伊犁草原即那拉提草原，位于我国新疆维吾尔自治区新源县东部，那拉提意为"最先见到太阳的地方"。

伊犁草原从高至低依次分布着高寒草甸、山地草甸、山地草甸草原、山地草原、山地荒漠草原、平原荒漠、河谷草甸。与新疆其他草原一样，伊利草原也是与荒漠对峙，而且与雪峰对峙，有一种丰富而复杂的美。此外，伊利草原最吸引人的地方是那些伫立在草原上的石人。这些石人大都选用整块岩石雕凿而成，有的雕琢了全身像，头部、脸型、身躯都生动逼真；有的仅仅在一块长圆石上浅刻几条细线。千百年来，它们屹立在这片广阔的草原上，堪称是草原上的文物奇观。据研究，伊犁河谷曾经是显赫一时的突厥人长期活动的地方。突厥人有个习俗，就是本族人死后，在死者墓前要竖立死者石像，所以人们认为这些石人是古代突厥人的遗物。

▶ 位于新西兰的大草原

坎特伯雷大草原有什么特别之处？

新西兰的"蓝天、白云、绿草"吸引了无数人的眼球。进入新西兰，满眼的绿色，触手可及的朵朵白云，会让每一个人心旷神怡。

新西兰有许多著名的旅游景点，而坎特伯雷大草原就是其中之一。坎特伯雷大草原是新西兰最大的平原地，那里山脉起伏，无边无际，同一天空下，优美的隔离带，绿色的草原，成群的牛羊，俨然一片世外桃源。现在，地球的生态系统被破坏得越来越严重，但是，在坎特伯雷大草原上依然能找到天堂般的生活元素。

▶撒哈拉沙漠

撒哈拉沙漠真的寸草不生吗？

撒哈拉沙漠是世界上面积最大的沙漠，在这片干旱、酷热、风沙又大的土地上，好像什么也没有，而"撒哈拉"一词，在阿拉伯的语言里就是"一无所有"的意思。撒哈拉沙漠真的"一无所有"吗？

当然不是。在这个大沙漠里，存活着1000多种植物，比如枣椰树、三芝草乃至合欢树等。除此以外，沙漠里还生存着多种动物，具有代表性的有狒狒、羚羊、鸵鸟等，而具有"沙漠之舟"的单峰骆驼在这里就有500万头，占世界骆驼总数的1/2。其实，任何生命的存在都取决于水，撒哈拉沙漠地下储存着许多地下水，有的地方还能打井取水，因此沙漠里生存着动物、植物，还有绿洲。除此以外，沙漠里还有十分丰富的地下矿产，尤其是石油，储量达到100亿吨，另外还有铀、磷等。所以，撒哈拉沙漠并非"一无所有"，而是物产丰富。

▶ 楼兰古城遗址

楼兰古城怎么会消失？

　　罗布泊是繁荣的丝绸之路的咽喉要塞，孕育了昌盛的楼兰古国。现今，楼兰古城四周的墙垣多处已经坍塌，只剩下断断续续的墙垣孤零零地站立着。为什么楼兰古城会消失？这与罗布泊湖水北移有着密切关系。

　　在历史上，罗布泊湖水曾经发生过北移，使其移动的原因一方面是地壳变动，一方面是河床中堆积了大量的泥沙淤塞了河道，塔里木河和孔雀河另觅新道，形成新湖。而旧湖在炎热的气候中，逐渐蒸发，成为沙漠。水是楼兰城的万物之源，而罗布泊湖水的北移，使楼兰城水源枯竭，树木枯死，人们弃城出走，留下死城一座。在肆虐的沙漠风暴中，楼兰城终被沙丘湮没。

塔尔沙漠是怎么形成的？

　　塔尔沙漠也叫印度大沙漠，位于印度西北部和巴基斯坦东南部，面积为20万平方千米，是世界上最小的沙漠。

　　历史上，塔尔沙漠所在的位置不是沙漠。那么，塔尔沙漠是怎么形成的？经过研究，有人认为，尘埃是形成塔尔沙漠的主要原因。在塔尔沙漠上空的空气浑浊不堪，尘埃密度很大，白天可以遮住阳光，夜间也不见繁星。这些尘埃盘旋在上空，使得此地始终达不到降雨条件，最终形成了塔尔沙漠。此外，也有人认为，是因为山脉阻挡冬季东北季风所带来的水汽无法到达塔尔沙漠，才导致了沙漠的形成。目前，科学界对此尚无定论。

▶ 塔尔沙漠

▶阿拉伯沙漠

阿拉伯沙漠为何可以经常看见"海市蜃楼"?

阿拉伯沙漠,位于阿拉伯半岛,面积达233万平方千米,是世界第二大沙漠。阿拉伯沙漠的沙盖以具有不同尺寸和复杂性的沙丘形式出现,或在低地表面形成薄薄一层地膜。这里的沙子大多不汇聚成平面,而是形成沙丘山岭或巨大的复合体。

在阿拉伯沙漠,白天沙石灼热,接近地层的空气升高极快,形成上冷下热的温度分布,使得下部空气密度远比上层密度小。这时,前方景物的光线会由密度大的空气向密度小的空气折射,远远望去,宛如水中倒影。沙漠中行走的人看到这景观,常会误以为已经达到清水湖畔,然而,一阵风沙过后,眼前依旧是一望无际的沙漠。这就是我们常说的"海市蜃楼"。

除了海市蜃楼,阿拉伯沙漠还有一种"碎石圈"十分奇妙,即一块大石头经过数百年热胀冷缩一次次碎裂后,在地上形成的一片圆形碎石圈。这种碎石圈很像人为排列的作品,实际上是自然形成的。

▶位于阿曼境内的鲁卜哈利沙漠

鲁卜哈利沙漠会移动吗?

鲁卜哈利沙漠,意为"空旷的四分之一"。该沙漠大致呈东北一西南走向,长约1200千米,宽约640千米,面积约达65万平方千米,约占整个阿拉伯半岛面积的1/4,因而得名。沙漠多呈红色,因为沙子中含有大量氧化铁。整个沙漠酷热无比,白天最高温度可达80℃,且很少有降雨,许多地区好几年才下一次雨。

鲁卜哈利沙漠是世界上最大的流动沙漠,其沙丘的移动主要是因季风引起,并且由于风向和主流风的差异而形成三个类型区:东北部新月形沙丘区、东缘和南缘星状沙丘区、整个西半部线形沙丘区。

克孜勒库姆沙漠为什么是红色的？

克孜勒库姆沙漠，意为"红沙漠"。沙漠位于中亚阿姆河与锡尔河之间的河间地，总面积约为29.8万平方千米，是世界第十一大沙漠。

克孜勒库姆沙漠的主要构成为崩裂的岩屑和沉积红壤的残余物质，所以沙漠呈现红色。沙漠中沙垄较多，一般高度3~30米，最高可达75米，有许多小绿洲。由于地处内陆，属于温带大陆性气候，夏季炎热，只生长沙漠植物。不过，这里却藏有丰富的金、银、铜、铝、铀以及石油和天然气。

▶红色沙漠

地球上最潮湿的沙漠在哪里?

　　索诺拉沙漠是世界上生物品种最多的沙漠，是世界上最完整、最大的旱地生态系统之一。沙漠位于美国和墨西哥交界处，沙漠里生活着60种哺乳动物，350种鸟，20种两栖类物种，100种以上爬行动物，30种当地鱼类，并有超过2000种当地的植物。和一般沙漠降雨量很小不同，索诺拉沙漠被认为是世界上最潮湿的沙漠，一年降雨量最多的地方可达到300毫米以上，很多植物在这里生长茂盛。其中，最具有象征性的植物就是北美洲巨人柱仙人掌。这种由巨人柱仙人掌构成的丛林，就像是一座座蓄水池，形成了独特的生态环境，滋养着丰沛的生命。除了仙人掌之外，还有许多小乔木也代表了这片沙漠的特色，如小叶扁轴木、蓝花扁轴木、格吉栲、铁木和腺牧豆树。尽管索诺拉地区冬天少见冰霜，每年的两个雨季又相隔半年之久，却拥有如此多样化的动植物，相比起别的沙漠，它就像南边墨西哥的亚热带荆棘灌丛，只是比较干燥一点而已。

▶为了适应环境，仙人掌类植物在漫长的演化过程中逐渐具备了应对恶劣环境的能力

地球上最干旱的地方在哪里？

　　说到干旱，很多人都会想到撒哈拉大沙漠，其实位于智利的阿塔卡玛沙漠中心，才是地球上最干旱的地方。阿塔卡玛沙漠被气候学家们称为"绝对沙漠"，因为这里自16世纪末以来，只在1971年下过一次雨，其沙漠北端的阿里卡甚至从未有下雨的记录。后来，经过科学家们的研究发现，造成沙漠干旱的一个重要原因是位于东面的安第斯山脉就像一道屏障，挡住了来自亚马孙河流域可能形成雨云的湿空气。阿塔卡玛沙漠长年无雨，持续干旱，使得沙漠里看不见任何植物的生长痕迹，甚至连细菌都无法生存。

澳大利亚沙漠为何被称为"沙漠花园"？

澳大利亚沙漠位于澳大利亚的西南部，这里雨水稀少，异常干旱，夏季最高温度可达50℃。在沙漠里，因为没有高大树木的遮挡，狂风终日肆虐咆哮，俨然就是一片死亡之地。

但是，令人想不到的是，在澳大利亚沙漠里却存活着大约3600多种植物。这些植物对水和养料的需求极少，大概是别处植物的1/10。而且，这些植物的叶子并不是绿色，而是呈现各种鲜艳的颜色。更为奇特的是，这里的花朵竟然能分泌超乎想象的大量蜂蜜。因此，发现者将这里称为神秘的"沙漠花园"。

▶ 澳大利亚沙漠中著名的艾尔斯岩

part 3

江河、湖泊

世界第一大河是哪条河？

亚马孙河是世界上最长的河流，而且流量也是居世界众河之首。那么，亚马孙河为什么能发育成世界第一大河呢？究其根源，这是由亚马孙河流域独特的地形和气候条件决定的。1.亚马孙河位于南美大陆中北部，充沛的降水是亚马孙河流的重要源泉。2.亚马孙河流经的亚马孙平原，是世界上最大的冲积平原，这里地势低平，周围高原地面都向平原倾斜，因而地表径流很容易流向平原汇集。而且平原内宽口窄，就像一个大葫芦，更提高了这种蓄水能力。3.亚马孙河西部为安第斯山脉，每年都有大量冰雪融水流入亚马孙河，为亚马孙河水流量增加了补给。除此以外，亚马孙河具有非常密集的河网，1500千米以上的大支流就有17条，而支流总数竟达到500多条。所以，亚马孙河被誉为世界第一大河是当之无愧的。

 亚马孙河

▶ 夕阳下的密西西比河

▌密西西比河为何被誉为"河流之父"?

　　密西西比河是美国第一大河。单从名字来讲，"密西"意为"大"，"西比"意为河，"密西西比"即"大河"或"河流之父"的意思。实质上，发源于美国西部偏北的落基山北段的群山峻岭之中的密西西比河，由北向南纵贯美国大平原，注入墨西哥湾。密西西比河用滔滔河水像乳汁一样抚育了整个流域的人民，再加上它的源远流长，人们便把它誉为"河流之父"。

▶长江水域

长江为何被称为"黄金水道"?

长江被称为"黄金水道",是因为长江在航运领域具有诸多的优势:1.长江江阔水深,全年不结冰,水量大且稳定。2.长江里程长,干流横贯东西,由内陆直通海洋。3.长江支流众多,可以沟通南北,由水道与黄河、淮河、珠江等水域相连。4.长江流域土地肥沃,流经之地都是我国发达的经济区域,我国有3亿多人口都生活在那里。正是因为如此,长江成为我国南方的交通大动脉,得到了"黄金水道"的赞誉。

▶ 黄河

黄河水是被什么染黄的？

　　黄河的上游是著名的黄土高原。黄土高原的典型特征就是有深厚的黄土层，且土质疏松，缺少植被。当黄土高原发生降雨，雨水便裹着大量黄土顺流而下，这就是黄河的源头。黄河进入中游后，它的水源还是来自降水，但由于中游地区的植被相对较好，所以黄河中游的水也会相对清澈一些，但总体上还是黄色的。所以，黄河是因为含沙量大而显浑浊，看起来像是黄色的。

"悬河"是怎么回事?

含沙量很大的河流在河谷开阔、比较平缓的河段,泥沙大量堆积,河床不断抬高,水位相应上升,天长日久,河床高出两岸地面,成为悬河。所以,悬河的必备条件是泥沙量大。我们知道,黄河向来以多泥沙著称,当河水携带着大量泥沙进入下游冲积平原以后,沿途发生严重淤积,便形成了"悬河"。现在黄河下游河床,一般比堤外地面高出3~5米,有的地方甚至高出10米。当悬河程度较高,全河向决口奔流,会形成新河,这一现象在黄河上称为改道。改道的目的是黄河本身为了从不稳定的悬河状态中摆脱出来,恢复到暂时较稳定的状态。通过改道,黄河将其所携带的大量泥沙较均匀地分布在黄淮平原上,完成了它"移山填海造神州"的历史任务。

▶ 黄河湿地

▶ 青海湖风景区

"倒流"的河流是怎么形成的?

在我国青海湖畔,有一条奇怪的河,它的水不是流向河口,而是流向源头,人们称它为"倒淌河"。倒淌河为什么会"倒流"呢?

远在几百万年前,青海湖一带是一片坦荡无际的平原。平原上有一条古黄河支流——古布哈河,河水自西向东,流过今天的倒淌河谷地,然后注入古黄河。然而,在距今13万年前,这里发生了强烈的地壳升降运动,青海湖区断裂下陷,完整的古布哈河断裂为3段。从此,河流的西段和东段仍保持原来流向。中断因地势隆起,变得东高西低,致使西来河水切段,而中断河流汇聚了诸多细流,占用旧河道,向西流向青海湖。

恒河因何成为"圣河"?

　　从长度来看，恒河算不上世界大河，但她却是古今中外闻名的世界名河。在虔诚的印度教徒眼里，恒河是一条"圣河"，几乎每一位教徒都喜欢在恒河里沐浴。由于沐浴的人过多，恒河水被严重污染，可人们依旧饮用，却很少有人会中毒或生病。而且，把恒河淡水贮存在远洋邮轮上，历经万里还能保鲜。此外，有科学家把恒河水注入含有痢疾和霍乱菌的培养液中，数日后，细菌竟会全部悄然死去。这是为什么呢？经探究，当恒河湍急的水流与空气充分接触，会产生大量的氧，从而使疟原虫等厌氧的治病微生物难以存活。而且，恒河中含有放射性矿化物——铀-238，其衰变产生的铋-214几乎能杀灭河水中99%的细菌。再者，恒河中还含有一般河道所没有的噬菌体和重金属化合物。在这三者的共同作用下，恒河便有了一种独特的自洁能力。所以，把恒河称作"圣河"也很准确。

▶ 恒河河畔的建筑

塞纳河因何成为"巴黎的灵魂"?

塞纳河位于法国北部，是法国的一条重要河流。河流源于郎格勒高原，流经巴黎盆地，在勒阿弗尔附近注入英吉利海峡，全长766千米，流域面积为7.86万平方千米。

塞纳河主要靠雨水补给，它就像一条玉带静静地流过巴黎市区，非常美丽壮观。在河上建有36座桥，桥与河珠联璧合，相得益彰。河的沿岸为法国经济发达区，有运河与莱茵河、卢瓦尔河等河相通。在历史上，塞纳河对巴黎的形成、发展，以及水运、工业、生活乃至景色都起着特殊的作用，所以有人将它称之为"巴黎的灵魂"。

 塞纳河畔

▶泰晤士河

泰晤士河为何被称为英国的"母亲河"？

泰晤士河发源于英格兰西南部的科茨沃尔德希尔斯，横贯英国首都伦敦与沿河的10多座城市，在伦敦下游河面变宽，形成一个宽度为29千米的河口，注入北海。比起地球上的大江大河，泰晤士河并不算长，但是以前英国的发达地区都在这条河周边，可以说，整个英国的历史都是在泰晤士河的见证下发生的。它的存在就像我国的黄河，黄河流域是中华文明的发源地和最重要地区，而泰晤士河是一部流动的英国史。

多瑙河到底是什么颜色的?

多瑙河是什么颜色的? 可能绝大多数人都会说是蓝色的, 因为著名音乐家约翰·施特劳斯创作了一首著名的圆舞曲, 就叫《蓝色多瑙河》。其实, 多瑙河并不是蓝色的, 而是呈现多种颜色。一年中, 多瑙河有109天是宝石绿色, 55天是浊黄色, 49天是鲜绿色, 47天是草绿色, 38天是浊绿色, 37天是深绿色, 24天是铁青色, 还有6天是棕色的。为什么多瑙河会有这么多种颜色? 这要追溯到多瑙河形成之初。

当时, 欧洲大陆上布满了星罗棋布的盆地, 盆地里的河流经过长年累月的侵蚀切割, 连接成了单一的水系。所以, 多瑙河各部分水量分布极不均匀, 有的河段干涸无水, 有的河段水深超过50米, 有时河流还会通过深深的地表裂缝流入地下, 然后又从下游的另一个地方流出。这样河水中混杂着大量的地下物质并发生复杂的化学变化。水深的差异以及酸碱度的不均匀, 再加上一定的大气和光线折射条件的影响, 多瑙河就出现了多种不同的颜色。

▶ 多瑙河流经喀尔巴阡山

▶ 平静的贝加尔湖水很难让人联想到凶猛的海洋动物

贝加尔湖中有海洋动物吗?

　　贝加尔湖很大,但最令人称奇的是湖中生活着大量的海洋动物,比如海豹、鲨鱼、龙虾和海螺等。这是为什么呢?

　　贝加尔湖以前是"北方的海洋",后来由于地壳运动,周围高山隆起,变成了湖泊。这期间,大多数海洋动物都灭绝了,但那些生存能力特强的动物,慢慢适应了淡水环境,成为世界上特有的淡水动物。

我国最大的咸水湖叫什么？

青海湖古称西海、鲜水、鲜禾羌海和错温波。湖水清澈碧蓝，湖面广袤如海，所以被称为青海湖。蒙语译称库库诺尔，意为青色的海；藏语译称错鄂博，意即西海。青海省也因湖而得名。青海湖四周被四座高山所环拥：北面是高大壮丽的大通山，东面是巍峨雄伟的日月山，南面是逶迤的青海南山，西面是峥嵘嵯峨的橡皮山。举目环顾，四座高山犹如四幅天然屏障。从山下到湖畔则是苍茫无际的千里草原，碧波连天的青海湖就像一个巨大的翡翠玉盘镶嵌在高山、草原之间，构成了浓墨重彩的西部风景画。青海湖是我国最大的咸水湖，也是我国最大的湖泊。

在号称"世界屋脊"的高原上，是如何形成这样一个大湖的？其实，青海湖的形成和变迁，都是大自然的杰作。早在2.3亿万年以前，青藏高原还是一片浩瀚无边的古海洋。那时候，海水汹涌澎湃，跟现在的太平洋、地中海是连在一起的。200万年前，剧烈的造山运动使得这片古海逐渐隆起，一跃形成了世界屋脊。海水被逼走，有的被四周的高山环绕起来，形成了大大小小的湖泊。青海湖就是被山脉堵塞而成的一个巨大湖泊，同时，湖水又从东面注入黄河，流进东面的海洋。后来又经过演化，青海湖由一个外流湖变成了"闭塞湖"。

▶青海湖风光

▶鄱阳湖湿地

我国第一大淡水湖叫什么？

　　我国第一大淡水湖是鄱阳湖。鄱阳湖位于长江中下游的南岸，江西省的北部，古名彭蠡，亦称彭泽。在枯水期，湖的面积500平方千米；平水期湖的面积约为3960平方千米；最大洪水时，达5000多平方千米。鄱阳湖承纳了赣江、抚河、信江、修水、饶河等五大河和若干支流，北往长江汇入大海。一条条晶莹绵长的河流与星罗棋布的湖泊塘堰，构成了独具风姿的形态。

　　那么，鄱阳湖是如何形成的？大约在距今200万年前的时候，继喜马拉雅运动以后，地球又发生了一次剧烈的新构造运动，导致我国东部地区普遍发生地壳下沉。当时江西北部的九江一带地壳也在陷落，形成了一个巨大凹地，凹地逐渐蓄水，便形成了范围与今日鄱阳湖平原几乎相当的大海——彭蠡泽。后来由于气候变化，在大冰期时，彭蠡泽面积一度缩小，逐渐演变成了今天的鄱阳湖。

长白山天池有什么特别之处？

长白山每年只有6月、7月、8月不是冬天，所以每年只有3个月是游客观赏天池的旺季。然而，长白山每年9月开始下雪，直到次年6月雪还不化，而到了7月中旬又进入雨季，直到8月中旬。所以，观赏长白山天池的最佳时间也就30天，再加上山顶气候变化快，雨说来就来。雨一下起来，就不容易看到天池了。

▶长白山天池

▶班公湖美景

班公湖有何奇特之处?

　　西藏班公湖,又称错木昂拉红波,藏语意为"长脖子天鹅",有世界上海拔最高的鸟岛,岛上约有各种鸟类20多种,数量最多时可达数万只。然而,班公湖最奇特的地方不在这里,而在于它是一个由东向西水中含盐量不同的湖泊,即班公湖东部(在我国境内的湖泊)为淡水湖,中部为半咸水湖,西部为咸水湖。另外有意思的是,班公湖湖水十分清澈,能见度通常是3~5米,在光照、深浅、亮度等影响下,湖水还会呈现出墨绿、淡绿和深蓝等不同的颜色。

云南滇池为何会成为红嘴鸥的聚集地？

　　本来，红嘴鸥过冬的地方一般选择在洞庭湖、巢湖等地，但是由于环境的污染，湿地面积缩小，红嘴鸥在那里很难找到食物，也没有栖息之地。为了生存，它们只得寻找新的过冬场所。滇池地处云南，是云南省最大的淡水湖，那里气候温和，水源充沛，素有"高原明珠"之称，于是，便最终成为红嘴鸥纷纷聚集过冬的最佳场所。

阿根廷湖里有许多冰块吗?

阿根廷湖是南美洲少见的冰川湖，并以湖中冰块堆积景观闻名。湖中的冰块来自周围150多条冰河，巨大的冰块互相撞击，缓缓向前移动，有时形成造型奇特、高达80米的冰墙。这些冰块最后全部汇积到阿根廷湖，组成了一系列洁白如玉的冰山雕塑。

▶阿根廷湖风光

part 4

名泉、沼泽、瀑布

珍珠泉冒泡是怎么回事？

不同的珍珠泉，冒泡的原因也不相同。一般来说，是因为水里有气泡，气泡上涌，就像珍珠一样。这些气泡的形成原因有多种可能性，比如水底植物的呼吸产生气体，聚积到一定程度就会形成气泡；而有些气泡是因为水底有地质断层，断层中含有气体，缓慢释放，从而形成气泡。此外，水底如果有古老的植物埋藏，在时间、压力以及温度的作用下，也会产生气体，发生气泡上溢的现象。

▶ 冒着腾腾热气的温泉

▶温泉

中冷泉是"天下第一泉"吗?

中冷泉又名南零水,位于我国江苏镇江金山西侧的塔影湖畔。清道光年间,金山与长江南岸相连,中冷泉也和陆地相接。

中冷泉原在扬子江江心,是万里长江中独一无二的泉眼。此泉原在波涛滚滚的江水之中,由于河道变迁,泉口处已变为陆地,现在泉口地面标高为4.8米。

中冷泉号称"天下第一泉",早在唐代就被推举为全国宜于煎茶的七大水品之首。据说,用此泉沏茶,醇香甘洌,由此中冷泉声名远扬。

含羞泉"害羞"是怎么回事?

含羞泉位于四川广元境内龙门山东北段,以"害羞"现象吸引了众多目光。所谓的"害羞"就是当你向水中扔石头发出震动的声音时,泉水就不再流动,像害羞了一样。而当静下来时,泉水又源源外流,而且水量也随之增大。如果再振动,泉水又"缩回"去了。为什么会出现这种奇特的现象?经地质学家研究得出:含羞泉的泉水是从细小的孔隙中流出,受到毛细管现象控制,当振动时,会产生一种压力,把要流出的泉水压回去;静一会儿后,岩石与土层中的毛细管现象又能将泉水吸引出来。所以,泉水出现了"害羞"现象。

▶ 含羞泉

▶ 月牙泉的沙漠景观

敦煌月牙泉有什么特别之处？

月牙泉位于我国西北地区的茫茫沙海中。那里气候炎热，降水稀少，但是月牙泉却始终没有干涸。

月牙泉地处南、北鸣沙山之间，在月牙泉偏东方向——南、北鸣沙山的后部，是一道低矮的豁口。经过豁口吹来的风，很快形成沿鸣沙山坡面做心式上旋运动的气流，将山坡表面的流沙由山脚吹向山顶，并有相当部分流沙降落到鸣沙山外侧，所以鸣沙山一直存在，月牙泉的水也不会干涸。

黄石公园温泉的臭味来自哪里？

　　位于美国的黄石公园是世界上最大规模的温泉集中地，形态各异的大小温泉几乎能以各种方式、在各种地方出现。有的温泉上升到地表时，由于水分相对稀少，就形成了酸度很高的泥泉。其实，在这些泉中含有大量的硫元素，喷发的时候会带出大量的硫化氢，这使得黄石绝大部分温泉或多或少的都有一股臭鸡蛋味儿，而在泥泉聚集的地方，更是臭不可闻。

▶黄石老忠实喷泉

▶间歇泉

罗托鲁阿热泉因何使城市成为"地狱之门"？

罗托鲁阿位于新西兰北岛中北部，坐落在火山多发区。那里到处可以看见冒着蒸汽的温泉、硫黄湖和沸腾的泥浆地，空气中弥漫着硫黄的气味。热泉灰黄，泥浆沸腾，不时有蒸汽从地洞中喷出，给城市蒙上了一层恐怖的色彩，仿佛地底下潜藏着一头活着的巨兽，于是，人们把这里称为"地狱之门"。

世界最大的沼泽叫什么？

奥克弗诺基沼泽是美国佐治亚州7大自然奇观之一，占地17.74万公顷，由许多岛屿、森林、湿地和开阔的水域组合而成，是北美最大的煤炭沼泽，是世界最大的沼泽。

奥克弗诺基沼泽的名字意为"冒泡的水"和"颤抖的地"，之所以这么说是因为它是海绵般松软的沼泽地。奥克弗诺基沼泽的水呈发亮的黑蓝色，反射效果极佳，微风吹过，水面就像无数面的小镜子在闪耀。

奥克弗诺基沼泽盛产鳄鱼，并以此闻名于世。此外，这里还有可怕的食肉植物，如狸藻、猪笼草、鹦鹉瓶子草等。

▶沼泽地的雾气可使人中毒

▶尼亚加拉大瀑布

尼亚加拉大瀑布因何会后退?

在北美洲伊利湖和安大略湖之间的尼亚加拉河上，有一个宽约1249米、落差51米的世界著名的大瀑布——尼亚加拉大瀑布。因为该瀑布气势磅礴，水声就像雷鸣一样，所以印第安人叫它"尼亚加拉"，意思是"雷神之水"。尼亚加拉大瀑布下的基岩，上部是较硬的石灰岩，下部是较软的页岩。当大瀑布以每分钟几百万千克的水从51米高处直泻而下时，基岩下部的页岩在强大的急流猛烈冲击和沙石摩擦下慢慢被掏空，随之基岩上部便发生崩坍，使得瀑布不断后退。所谓"水滴石穿"就是这个道理。据说，该瀑布每年平均会向后倒退1米左右。

世界上最宽的瀑布在哪里？

　　位于阿根廷与巴西边界上伊瓜苏河与巴拉那河合流点上游23千米处的伊瓜苏瀑布，是南美洲最大的瀑布，也是世界上最宽的瀑布，瀑布总宽约4000米。由于巴拉那河的河谷是由南至北走，而伊瓜苏河的河床岩层却正好与巴拉那河垂直，所以，巴拉那河承受的河水冲刷远比伊瓜苏河高。经年累月侵蚀下来，巴拉那河渐渐变得越来越低，从而形成宽达4000米的伊瓜苏瀑布群。伊瓜苏瀑布河水量极大，可达到1700立方米/秒，人在30千米外就能听到它的飞瀑声。

黄果树大瀑布是怎么形成的？

位于我国贵州省的黄果树瀑布美轮美奂，它的形成与流经瀑布的河流——白水河有着密切关系。首先，白水河的水量大，不仅可以维持惊心动魄的大瀑布壮景，而且还是把河谷切割成巨大跌水崖壁的必要动力。其次，白水河流域地势落差大，而且只要遇到地势转折或岩石结构发生变化，就会形成跌水，构成瀑布或瀑布群。在夏季，瀑布前还会出现一条五彩缤纷的彩虹，像一层金黄色的轻纱笼罩着整个山谷。

▶黄果树瀑布

> 黄河壶口瀑布

黄河壶口瀑布会"走"吗？

我国黄河壶口瀑布是黄河干流上唯一的瀑布，最初形成于龙门，后来迅速北移到达今天的陕西宜川县和山西吉县之间。经研究，使壶口瀑布后退速度快的主要原因是河床岩层由后层砂岩夹薄层页岩构成，页岩抗蚀力明显弱于砂岩。这种抗蚀力较弱，呈相间分布的岩层，极易形成瀑布，而且后退速度较快。此外，由于黄河中泥沙含量大，增强了水流的冲击力和磨蚀力。所以，河床抗蚀力弱、水量大、含沙量较高就是壶口瀑布会"走"的原因。现在，随着黄河水量日益减少，瀑布的后退速度也逐渐减慢。

九寨沟"层湖叠瀑"是怎么形成的?

　　我国四川九寨沟层湖叠瀑的组合是流水结合当地特殊的自然条件,通过侵蚀、搬运、沉积等形成的。具体形成过程大体上分为两个阶段:首先,泥石流突然爆发,堵塞河道,形成拦截河水的"垄岗"。其次,富含溶解钙的河水不断地在"垄岗"上沉淀钙华,使泥石垄岗变成钙华坝或钙华滩,坝上形成湖泊,湖水溢出、泻下就形成瀑布或滩流。所以,九寨沟的溪流和含钙质的泉水,是形成层湖叠瀑的重要条件。

▶九寨沟瀑布

你知道世界上最长的瀑布吗?

基桑加尼瀑布位于非洲的刚果河的上游段,刚果河从高原突然坠落到平原,形成了世界上最长的瀑布——基桑加尼瀑布群。

瀑布群分布在100千米的河道上,跨越赤道,其中有7个比较大的瀑布,南边的5个瀑布相距较近,落差也不大。最大的一个瀑布宽800米,落差50米。在下游地段又有一系列的瀑布,其中"利文斯顿瀑布"最为著名。连续出现的约30个瀑布或急流,总落差有280米。这里两岸悬崖陡壁,河宽仅有400米,最窄的地方只有220米,汹涌咆哮的河水奔腾直下,气势壮观,因此蕴藏着丰富的水利资源。从动力学的观点来看,该瀑布群是个天然的发电站,每年可提供上百亿度的电力资源。

莱茵瀑布是怎么形成的?

　　莱茵瀑布位于瑞士北部莱茵河上游，是目前欧洲流量最大的瀑布。

　　50万年前，冰河时期结束产生的大量水流形成了现在瀑布的周边地形。到了大约20万年前，"里斯冰期"开始之前，莱茵河形成，并且从沙夫豪森西侧流过。之后，到约12万年前，也就是"里斯冰期"期间，莱茵河开始往南转向。由于不断进行侵蚀作用，到了大约1.5万年前的"威斯康星冰期"，莱茵瀑布形成。

▶ 莱茵瀑布

▶ 维多利亚瀑布横穿赞比西河谷

维多利亚瀑布是怎么形成的?

　　维多利亚瀑布位于非洲赞比西河中游,赞比亚和津巴布韦接壤处。维多利亚瀑布的形成,是由于一条深邃的岩石断裂谷正好横切赞比西河,断裂谷源于1.5亿年以前的地壳运动。维多利亚瀑布最宽处达1690米,河流跌落处的悬崖对面又是悬崖,两者间的峡谷仅75米,水在这里形成一个名为“沸腾涡”的巨大旋涡,然后顺着72千米长的峡谷流去。当赞比西河河水充盈时,维多利亚瀑布的水量每秒7500立方米,且下冲力极强,以至于水花飞溅,远在40千米外均可以看到。

part 5

海洋、岛屿

世界最大的洋叫什么?

太平洋南起南极地区,北到北极,西至亚洲和大洋洲,东临南、北美洲,约占地球面积的1/3,是世界上最大的大洋。

太平洋的面积,不包括邻近属海,约为16642.1万平方千米,是第二大洋大西洋面积的2倍、水容量的2倍以上。面积超过包括南极洲在内的地球陆地面积的总和。平均深度(不包括属海)4187.8米。

太平洋资源丰富。西太平洋的日本海、鄂霍次克海是重要的渔场,出产鲱鱼、金枪鱼、蟹等。北美西海岸的哥伦比亚河以出产鲑鱼著名,海底有大量的锰结核,海水可提取海盐、溴、镁等。大陆棚是世界上石油资源最丰富的地区之一。

太平洋岛屿众多,主要分布于西部和中部海域,按性质分为大陆岛和海洋岛两大类。大陆岛一般在地质构造上与大陆有联系,如日本群岛、台湾岛、菲律宾群岛、印度尼西亚群岛及世界第二大岛新几内亚岛等。海洋岛分为火山岛和珊瑚岛。太平洋中部偏西广大海域,自西向东有三大群岛:美拉尼西亚、密克罗尼西亚和波利尼西亚群岛。其中美拉尼西亚群岛多为大陆岛,波利尼西亚群岛的夏威夷群岛是著名的火山群岛,密克罗尼西亚群岛则几乎是珊瑚岛。

世界第二大洋叫什么？

　　大西洋是世界第二大洋，位于欧洲、非洲与南、北美洲和南极洲之间。北以冰岛—法罗岛海丘和威维尔—汤姆森海岭与北冰洋分界，南临南极洲并与太平洋、印度洋南部水域相通；西南以通过南美洲最南端合恩角的经线与太平洋分界，东南以通过南非厄加勒斯角的经线与印度洋分界；西部通过南、北美洲之间的巴拿马运河与太平洋沟通，东部经欧洲和非洲之间的直布罗陀海峡通过地中海以及亚洲和非洲之间的苏伊士运河与印度洋的附属海——红海沟通。大西洋的赤道区域最窄，面积为7676.2万平方千米，平均深度3627米，最深处波多黎各海沟深达8605米。大西洋这个中文名称，最早来自于明朝万历十一年（1583年）意大利传教士利玛窦的译著。

 大西洋

珊瑚礁为何主要分布在大洋西部?

世界上珊瑚礁多见于南北纬30°之间的海域中，而且尤以太平洋西部最多。这是因为珊瑚礁发育对水温、盐度、水深和光照等条件要求很高。1. 水温：珊瑚生长的水温为20～30℃。2. 盐度：造礁珊瑚生长在盐度为27‰～40‰的海水中，最佳盐度范围是34‰～36‰。我国南海盐度为34‰，属最佳盐度范围，海南岛沿岸有淡水注入，盐度略低，为32‰左右。3. 水深：一般认为造礁珊瑚生长的水深范围是0～50米，最佳水深为20米左右，这是与造礁珊瑚共生的虫黄藻进行光合作用所需的深度。4.光照：也是虫黄藻光合作用的需要，一般热带光照强、时间长，平均光照率在50%以上，有利于珊瑚礁的发育。由于不同海底地形上水动力作用不尽一致，因此珊瑚礁体会有所不同，如极浅的平缓海底往往形成离岸礁，而岸坡较陡，则礁体紧贴岸线发育。

▶ 太平洋群岛

▶印度洋

印度洋表面水温与太平洋相比是高是低？

通常来说，纬度位置、海陆分布、洋流运行、海上气象及径流入海水温等因素直接影响着大洋水温的高低。很多人都认为，海洋表面平均温度的最高区域应该在赤道附近，其实是在北纬10°附近。因为赤道附近蒸发量大，散热快，同时水汽上升空中形成云，又削弱了太阳辐射，此外再加上南半球海洋面积广阔，而北半球大陆相对集中。所以，在相同纬度的海域，北半球的海水表层温度比南半球偏高。太平洋洋面处于热带和亚热带的海区面积广大，其中80%的洋面年均温度高于20℃，且北太平洋水域也大于南太平洋。印度洋北部水域狭窄，广大水域在南半球，即从整个大洋来说，太平洋面平均温度要高于印度洋。

世界上最小的洋叫什么?

北冰洋是地球上最小的洋。北冰洋大致以北极为中心,四周为北美大陆、欧亚大陆和格陵兰岛,面积1225.7万平方千米,平均水深988米,最深处5502米。北冰洋有三条横贯海底的海岭。中央一条叫罗蒙诺索夫海岭,从埃尔斯米尔岛延伸到新西伯利亚群岛,把北极海盆分为欧亚海盆与美亚海盆。欧亚海盆被一条从大西洋海脊延伸过来的南森海底山脉分为南森海盆和弗拉姆海盆。美亚海盆被阿尔法海底山脉分为马卡罗夫海盆和加拿大海盆。有将近1/3洋面底下为大陆棚。

因为覆盖着冰层的洋面反射阳光,海水温度低,北冰洋的浮游生物只有其他海洋的1/10。鱼类只有北极鲑和北极鳕。哺乳动物生活在水中的有耳海豹、皮海豹、毛海豹、海象和各种鲸;栖息在陆地上的有北极熊和北极狐。

 北冰洋

北冰洋有不结冰的地方吗？

　　北冰洋是世界最小最浅和最冷的大洋。大致以北极圈为中心，位于地球的最北端。该地区气候严寒，洋面上常年覆盖着冰层，所以人们称它为北冰洋。然而，北冰洋的陆缘海之一——巴伦支海的冰情与其他北冰洋海域有很大的差别。巴伦支海大部分处于北纬70°以北，因为有大量北角暖流海水流入，气温并不是很低。在这里，虽然也有结冰现象，但是冰层较薄，冰龄较短，且西南部终年不冻。所以，巴伦支海是北冰洋中最暖的海，有"北冰洋的暖池"之誉。

▶ 寒冷的北冰洋

世界最大的海是什么海？

在广阔无垠的地球表面有70％的地表为水所覆盖，因此地球又被称之为"水星球"。而这70％的水大部分为大洋，海仅是其中的一部分。在全球的海中，面积大小、水体深度等都各不相同，其中面积最大、水体最深的海要数位于南太平洋的珊瑚海。

珊瑚海是南太平洋最大的一个属海，总面积达479.1万平方千米，相当于半个中国的国土面积，珊瑚海的海底地形大致由西向东倾斜，平均水深2394米，大部分地方水深为3000～4000米，最深处则达9174米。它的西边是澳大利亚大陆，南连塔斯曼海，东北面被新赫布里群岛、所罗门群岛、新几内亚所包围。珊瑚海中生活着成群结队的鲨鱼，所以，珊瑚海又被人们称为"鲨鱼海"。珊瑚海地处赤道附近，因此，海水的温度也很高，全年水温都在20℃以上，温度最高的时候甚至超过28℃。在珊瑚海的周围几乎没有河流注入，这也是珊瑚海水质污染小的原因之一。这里海水清澈透明，水下光线充足，便于各种各样的珊瑚虫生存。同时海水盐度一般在27‰～38‰之间，这也是珊瑚虫生活的理想环境，因此不管在海中的大陆架，还是在海边的浅滩，到处有大量的珊瑚虫生殖繁衍。久而久之，逐渐发育成众多的形状各异的珊瑚礁，这些珊瑚礁在退潮时，会露出海面，形成热带海域所独有的绚丽奇观。"珊瑚海"便由此得名。

世界上最小的海叫什么海？

马尔马拉海东西长270千米，南北宽70千米，面积为1.1万平方千米，只相当于我国的4.5个太湖那么大，是世界上最小的海。海岸陡峭，平均深度183米，最深处达1355米。

马尔马拉海也是土耳其亚洲和欧洲部分分界线之一，东北经博斯普鲁斯海峡与黑海沟通，西南经达达尼尔海峡与爱琴海相连。海中有两个群岛，克孜勒群岛在东北面，接近伊斯坦布尔，为旅游胜地。马尔马拉群岛在西南面，与卡珀达厄半岛相望。有几座建筑物临近大海，那边的风浪很大，海风刺骨，在欧亚两洲的海岸上都有灯塔。

马尔马拉海的海岛上盛产大理石。希腊语"马尔马拉"就是大理石的意思。海中最大的马尔马拉岛，也是用大理石来命名的。马尔马拉岛很早以前就有人开始开采大理石，沿岸城镇是兴旺的工农业中心，并且景色优美，是土耳其的旅游胜地。

你知道世界上最浅的海吗?

亚速海是一个陆间海,西面为克里米亚半岛,北面为乌克兰,东面为俄罗斯,只有刻赤海峡与黑海相连。亚速海最深处只有14米,平均深度只有8米,是世界上最浅的海。由于顿河和库班河夹带大量淤泥,致其东北部塔甘罗格湾水深不过1米。这些大河的流入确保海水盐分很低,在塔甘罗格湾处几乎是淡水。

亚速海属温带大陆性气候,时而严寒,时而温和,经常有雾。正常情况下,沿北岸海面通常在12月至翌年3月结冰。

海流以逆时针方向沿海岸环流。由于每年河水注入量不同,亚速海的年平均水平面差别高达33厘米。潮汐时水平面上下波动可达5.5米。亚速海中的动物有无脊椎动物300多种,鱼类约80种,其中鲟、鲈、欧鳊、鲱、鲂、鲻、米诺鱼特别多。

▶紧连亚速海的克里米亚山

世界上最淡的海叫什么海?

波罗的海是世界上最大的半咸水水域，被称为世界上最淡的海，在斯堪的那维亚半岛与欧洲大陆之间。波罗的海长1600多千米，平均宽度190千米，面积42万平方千米，是欧洲北部的内海、北冰洋的边缘海、大西洋的属海。

波罗的海位于北纬54°~65.5°之间的东北欧，呈三岔形，西与斯卡格拉克海峡、厄勒海峡、卡特加特海峡、大贝尔特海峡、小贝尔特海峡、里加海峡、北海及大西洋相通。

波罗的海海水盐度低是因为波罗的海的形成时间还不长。首先，那里在冰河时期结束时还是一片被冰水淹没的汪洋，后来冰川向北退去，留下最低洼的谷地就形成了波罗的海，水质本来就较好；其次，波罗的海海区闭塞，与外海的通道又浅又窄，盐度高的海水不易进入；第三，波罗的海纬度较高，气温低，蒸发微弱；第四，受西风带的影响，气候湿润，雨水较多，四周有维斯瓦河、奥得河、涅曼河、西德维纳河和涅瓦河等大小250条河流注入，年平均河川径流量为437立方千米，波罗的海的淡水集水面积约为其本身集水面积的4倍。因此，波罗的海的海水就很淡了。虽然波罗的海海水含盐度只有7‰~8‰，大大低于全世界海水平均含盐度，但其深层海水盐度却比较高，这是由于含盐度较高的北海海水流入所致。

世界上最咸的海叫什么海?

红海位于非洲东北部与阿拉伯半岛之间,形状狭长,从西北到东南长1900千米以上,最大宽度306千米,面积45万平方千米。红海北端分叉成两个小海湾,西为苏伊士湾,并通过贯穿苏伊士地峡的苏伊士运河与地中海相连;东为亚喀巴湾;南部通过曼德海峡与亚丁湾、印度洋相连,是连接地中海和阿拉伯海的重要通道,是一条重要的石油运输通道。

同时红海是世界上盐度最高、水温最高的海域,红海盐度在3.6%~3.8%之间,是世界上最咸的海。

其含盐量高的主要原因是这里地处亚热带、热带,气温高,海水蒸发量大,而且降水较少,年平均降水量还不到200毫米。

红海两岸没有大河流入,在通往大洋的水路上,有石林及水下岩岭,大洋里稍淡的海水难以进来,红海中较咸的海水也难以流出去。科学家还在海底深处发现了好几处大面积的"热洞"。大量岩浆沿着地壳的裂隙涌到海底,岩浆加热了周围的岩石和海水,出现了深层海水的水温比表层还高的奇特现象。热气腾腾的深层海水泛到海面加速了蒸发,使盐的浓度越来越高。因此,红海的海水就比其他地方的海水咸多了。

▶红海海滩呈蓝绿色

你知道世界上最深的海沟吗?

海沟

马里亚纳海沟是世界最深的海沟，这条海沟的形成据估计已有6000万年，是太平洋西部洋底一系列海沟的一部分。它处于亚洲大陆和澳大利亚之间，北起硫黄列岛，西南至雅浦岛附近。其北有阿留申、千岛、日本、小笠原等海沟，南有新不列颠和新赫布里底等海沟，全长2550千米，为弧形，平均宽70千米，大部分水深在8000米以上。最大水深在斐查兹海渊，为11033米，是地球的最深点。如果把世界最高的珠穆朗玛峰放在沟底，峰顶将不能露出水面。另外马里亚纳海沟的鱼类为适应环境，它们的身体的生理机能已经发生了很大变化，这些变化反映在深海鱼的肌肉和骨骼上。由于深海环境的巨大水压作用，鱼的骨骼变得非常薄，而且容易弯曲；肌肉组织变得特别柔韧，纤维组织变得出奇细密。更有趣的是，鱼皮组织变得仅仅是一层非常薄的层膜，它能使鱼体内的生理组织充满水分，保持体内外压力的平衡。这就是深海鱼类为什么在如此巨大的压力条件下，也不会被压扁的原因。

西西里岛到底有多美丽？

"如果不去西西里，就像没有到过意大利，因为在西西里你才能找到意大利的美丽之源。"

西西里岛位于亚平宁半岛的西南，其东部与亚平宁半岛仅隔宽3千米的墨西拿海峡。西西里岛属典型的地中海气候，春秋温暖，夏季炎热，冬季潮湿。这个地中海上最大的岛屿——西西里岛，是意大利面积最大的省份所在地，是一块美妙的土地。这里迷人的自然风景与人文风景非常和谐地融为一体，自然有从古至今曾经居住在这里的人们为证：这里曾经居住过希腊人、古罗马人、拜占庭人、阿拉伯人、诺曼人、施瓦本人、西班牙人等，他们的文化已然印在这里了。

帕勒摩是西西里岛的第一大城，也是个地形险要的天然良港，歌德来此曾称赞帕勒摩是"世界上最优美的海峡"。随着统治者改朝换代，帕勒摩历经多种不同宗教、文化的洗礼，因此市区建筑呈现截然不同的风貌。

曾有一位地理学家这样形容帕勒摩："凡见过这个城市的人，都会忍不住回头多看一眼。"这里的古迹建筑虽然没有金碧辉煌的傲人外观，但都已经与帕勒摩的公园绿地、市街广场融为一体，因此丝毫不显得突兀。

拥有最多岛屿的海叫什么海？

爱琴海位于希腊半岛和小亚细亚半岛之间。南通地中海，东北经过达达尼尔海峡、马尔马拉海、博斯普鲁斯海峡通黑海，南至克里特岛。长611千米，宽299千米，面积21.4万平方千米，平均深度570米，最深处在克里特岛东面，达3543米。

爱琴海海岸线非常曲折，港湾众多，共有大小岛屿约2500个。爱琴海的岛屿可以划分为7个群岛：色雷斯海群岛、东爱琴群岛、北部的斯波拉提群岛、基克拉泽斯群岛、萨罗尼克群岛、多德卡尼斯群岛和克里特岛。爱琴海的很多岛屿或岛链实际是陆地上山脉的延伸。一条岛链延伸到了希奥岛，另一条经埃维厄岛延伸至萨摩斯岛，还有一条从伯罗奔尼撒半岛经克里特岛至罗德岛，正是这条岛链将爱琴海和地中海分开。许多岛屿是火山岛，有大理石和铁矿。克里特岛是海中最大的一个岛屿，面积8000多平方千米，东西狭长，是爱琴海南部的屏障。克里特岛上有大面积的肥沃耕地，相比之下，其他岛屿的土地就比较贫瘠了。爱琴海岛屿的大部分属于西岸的希腊，一小部分属于东岸的土耳其。

▶爱琴海景观

巴哈马群岛的海滩因何令人神往？

巴哈马群岛位于佛罗里达海峡口外的北大西洋上，西望佛罗里达半岛，南指古巴岛，东北方向与百慕大群岛毗邻。整个群岛由西北向东南延伸，长1220千米，宽96千米，由700多个大小岛屿和2400多个岩礁和珊瑚礁组成。

巴哈马群岛的主岛叫新普罗维登斯岛，巴哈马联邦的首都拿骚就在这个岛上，同时毗邻天堂岛。拿骚和天堂岛这一对姊妹岛屿将国际大都会的魅力和热带旖旎风光完美地融合成一体，来此消遣度假的游客们，可尽情在各处观光游玩。巴哈马首都拿骚的海边，一片粉红色让人以为那里开满了鲜花，走近了，却发现竟然是沙滩的颜色。原来整个沙滩都是由被海水冲刷成的红珊瑚粉末构成的。粉红海滩位于海湾岛南侧，绵延数里，在耀眼的阳光下，原本闪烁着白色光芒的细沙，经海水浸润后，竟然神奇地泛着淡淡的粉红色。这里的细沙富含特殊的矿物质，遇到海水，就会变成嫩粉色，非常奇妙。因为这片沙滩不同寻常，所以也就成了新人举行婚礼的最热门地点。新人在附近的小教堂举行了仪式，便会悠然走到这片沙滩，对着蓝天和白云再次说出相爱的誓言，而这片粉红，就是上帝留给所有相爱的人们的精致礼物。

▶巴哈马的粉色海滩